Ilustração da capa: *Paisagem com a Paz e a Justiça abraçadas* (1654) – Laurent de La Hire (1606-1656) – Museu de Arte de Toledo, Toledo, Ohio, Estados Unidos da América.

JURIS PROVERBIA
Provérbios e Máximas Jurídicas

*Seleção, tradução e apresentação
de Thereza Christina Rocque da Motta*

*Acompanhado de um
Glossário de Expressões Latinas*

Ibis Juris

*Rio de Janeiro
2013*

Copyright © *2013 Ibis Juris*
Ibis Juris é um selo da Ibis Libris Editora Ltda.

Título original: *Juris Proverbia*

Editora: *Thereza Christina Rocque da Motta*

Arte da capa e miolo: *http://estacaoutopia.jimdo.com/*

1ª edição em dezembro de 2013.

Motta, Thereza Christina Rocque da, 1957–
Juris proverbia : Provérbios e máximas jurídicas. Com Glossário de expressões latinas. Seleção, apresentação e tradução do inglês de Thereza Christina Rocque da Motta. Rio de Janeiro: Ibis Juris, 2013.
76 p., 18 cm.

ISBN 978-85-7823-172-9

Impresso no Brasil.
2013

Todos os direitos reservados a Ibis Juris.

Ibis Juris

Rua Raul Pompeia, 131 / 708
Copacabana | 22080-001 Rio de Janeiro | RJ
Tel. (21) 3546-1007

www.ibislibris.net
ibislibris@gmail.com

Associada à LIBRE.
www.libre.org.br

GLOSSÁRIO

Apresentação, 7

Dedicatória, 11

Provérbios e Máximas Jurídicas, 15

Glossário de Expressões Latinas, 69

Sobre a Tradutora, 75

APRESENTAÇÃO

Tive aulas de Direito Romano no primeiro ano da Faculdade de Direito da Universidade Mackenzie em 1977. O professor era de ascendência italiana e falava com muita propriedade sobre a origem do nosso Direito. A certa altura, durante a aula, em que ditava um parágrafo para a classe, na segunda palavra da primeira frase, uma aluna à sua frente exclamou:

– O quê?

Com sua paciência romana, ele disse:

– *Quo usque tandem abutere...* Como é mesmo seu nome?

Eu fui a única a rir do fundo da sala. Aí compreendi que a classe perdera a piada. O professor fazia referência a uma citação das *Catilinárias*, em que Cícero (cônsul Marcus Tullius Cicero), lamenta no Senado, que Catilina, militar e senador romano, se erguesse contra a República, em 63 a.C. O restante da citação é conhecido: *Quo usque tandem abutere, Catilina, patientia nostra? Quam diu etiam furor iste tuus nos eludet?* ("Até quando, Catilina, abusarás da nossa paciência? Até quando tua loucura nos iludirá?").

Eu conhecia a citação de casa, sempre mencionada por minha mãe, quando algo chegava ao limite de sua paciência. Meu irmão e eu sabíamos que esta era a deixa para mudar de atitude rapidamente. Esta como *Alea jacta est* ("A sorte está lançada"), dita por Júlio César ao cruzar o Rubicão, entre a Gália Cisalpina (ao sul dos Alpes, que corresponde ao norte da península itálica) e a Itália, ou *Quod abundat non nocet* ("O que é abundante, não prejudica", ou ainda, "Melhor sobrar do que faltar") eram frases comuns para nós no dia a dia, mas para meus ilustres colegas do 1º ano da Faculdade de Direito não eram tão corriqueiras. Na aula, não eram citados provérbios jurídicos em latim, nem esperavam que os conhecêssemos, mas, vez por outra, encontrávamos expressões latinas no Direito Civil ou no Direito Criminal, como a máxima: *Nullum crimen nulla poena sine praevia lege*, que determina o Princípio da Legalidade, em que "Não há crime, nem pena sem lei que a preveja".

Para o estudante de Direito e o advogado, conhecer brocardos jurídicos *in natura*, ou seja, em sua língua original, é imprescindível para a absorção dos princípios jurídicos que deles emanam e que estabelecem todo o regramento contido nas leis. O Direito Romano prevê, em sua base, tudo que entendemos por princípios legais até hoje, como o direito real, o direito comercial, o direito patrimonial, o direito sucessório e o direito de família. Tudo parte dessas frases em latim, cujo conhecimento confere ao representante legal uma compreensão maior quanto ao fundamento dos princípios que norteiam as ações judiciais.

Pode parecer uma filigrana desnecessária, um lustro antigo, mas a simples menção de um

Data venia ("Com todo respeito") ou *In dubio pro reo* ("Na dúvida, favorece-se o réu") faz com que o advogado, o jurisconsulto, o magistrado, o professor de Direito soe mais afeito à função que exerce. Meu professor de Direito Penal me ensinou no 4º ano que eu deveria me expressar com a terminologia correta. Existe um vernáculo próprio do Direito. Minhas provas poderiam estar certas, mas não continham as palavras adequadas. Entendi, então, que, como toda profissão, existe uma tecnicidade inerente a ela.

Muito tempo depois, encontrei em minha biblioteca um exemplar chamado *Juris Proverbia*, comprado por meu pai, publicado na Inglaterra em 1944, com máximas jurídicas em latim e sua tradução para o inglês, que decidi traduzir e juntar mais algumas de uso cotidiano dentro do âmbito legal. É uma forma de aproximar o leigo, o estudante, o advogado, o jurista, o juiz, da terminologia latina em que se baseia o nosso Direito, e a partir daí, ilustrar melhor a aplicação das leis e de onde surgiram, aprofundando um conhecimento imprescindível para qualquer pessoa que lida com as leis.

Espero que este primeiro volume de *Juris Proverbia: Provérbios e máximas jurídicas* venha a se somar aos livros que trazem as expressões latinas que fundamentam os princípios do nosso Direito.

Thereza Christina Rocque da Motta
Editora

*Para a "Turma Álvaro Villaça Azevedo"
com quem me formei na Faculdade de Direito
da Universidade Mackenzie em 1981,
e da qual tive a honra de ser a Oradora.*

JURIS
PROVERBIA

A

Absoluta sententia expositore non indiget.
O julgamento integral prescinde de apresentação.

Abundans cautela non nocet.
O excesso de cautela não prejudica.

Accessorium non ducit, sequitur suum principale.
O acessório não conduz, mas segue o principal.

Acta exteriora indicant interiora secreta.
As ações indicam as intenções.

Accusare nemo se debet, nisi coram Deo.
Ninguém deve se incriminar, senão perante Deus.

Actio personalis moritur cum persona.
O direito de ação pessoal morre com a pessoa.

Actori incumbit onus probandi.
Ao autor cabe o ônus da prova.

Actus Dei nemini facit injuriam.
A força maior não causa mal a ninguém.

Actus me invito factus non est meus actus.
Uma ação contra a minha vontade não é uma ação praticada por mim.

Actus non facit reum, nisi mens sit rea.
Uma ação não será criminosa, se não houver intenção de crime.

Aequitas factum habet quod fieri oportuit.
A equidade considera como feito o que deveria ter sido realizado.

Aequitas sequitur legem.
A equidade acompanha a lei.

Allegans contraria non est audiendus.
Alegações contrárias não devem ser ouvidas.

Ambiguitas contra stipulatorem est.
A ambiguidade é usada contra a parte que a alega.

Ambiguitas verborum latens verificatione suppletur: nam quod ex facto oritur ambiguum verificatione facti tollitur.
A ambiguidade oculta das palavras pode ser interpretada por meio de prova: pois uma ambiguidade levantada por meio de prova a partir de fatos extrínsecos pode ser removida do mesmo modo.

B

Benignae faciendae sunt interpretationes, propter simplicitatem laicorum, ut res magis valeat quam pereat.
Os documentos devem ser interpretados de modo claro, para compensar a ignorância dos que não sejam advogados, de forma que a negociação seja concretizada sem que se torne nula.

C

Caveat emptor.
O comprador deve se precaver.

Cessante ratione legis, cessat ipsa lex.
Quando a razão de uma lei deixa de existir, também deixa de existir a própria lei.

Consuetudo debet esse certa; nam incerta pro nulla habentur.
O cliente deve ter certeza, pois coisas incertas são desprezadas.

Consuetudo ex certa causa rationabili usitata privat communem legem.
Um cliente que se baseie sobre uma causa razoável supre o direito comum.

Contemporanea expositio est optima et fortissima in lege.
O melhor modo de compreender o significado de um documento é lê-lo como foi escrito.

Contra non valentem agere nulla currit praescriptio.
A prescrição não é válida para a parte que seja incapaz de agir.

Cuicunque aliquis quid concedit, concedere videtur et id sine quo res ipsa esse non potuit.
Quem dá algo, também deverá dar aquilo sem o qual a dação não surtiria qualquer efeito.

Cuilibet in sua arte perito credendum est.
O credenciamento deve ser outorgado ao habilitado em sua profissão.

Cujus est solum, ejus est usque ad coelum et ad inferos.
A quem pertencer a terra, também pertence o que estiver acima e abaixo dela.

Cum duo inter se pugnantia reperiuntur in testamento, ultimum ratum est.
Quando duas cláusulas (ou declarações) contrárias ocorrerem num testamento, prevalecerá a última.

D

Debita sequuntur personam debitoris.
A dívida segue o devedor.

Debitor non praesumitur donare.
Um devedor não é obrigado a doar.

Delegatus non potest delegare.
Um agente não poderá legalmente empregar outro para realizar as atribuições que seja obrigado a desempenhar.

De minimis non curat lex.
A lei não se ocupa com trivialidades.

Domus sua cuique est tutissimum refugium.
Para o homem, a casa é seu refúgio mais seguro.

Donatio perficitur possessione accipientis.
A doação se completa pela posse do bem entregue pelo doador ao recebedor.

E

Ei incumbit probatio qui affirmat, non qui negat: cum per rerum naturem factum negantis probatio nulla sit.
Quem alega deve provar, não aquele que o nega, pois pela natureza das coisas, aquele que nega um fato não pode produzir nenhuma prova.

Ex antecedentibus et consequentibus fit optima interpretatio.
Do que antecede e do que sucede deriva-se a melhor interpretação.

Ex dolo malo actio non oritur.
O direito de ação não emerge de uma fraude.

Ex nudo pacto non oritur actio.
Uma simples promessa não gera direito de ação.

Expressio unius est exclusio alterius.
A menção de uma coisa exclui a outra.

Expressum facit ecessare tacitum.
Quando todos os termos forem expressos, nada pode ser presumido.

Ex turpi causa non oritur actio.
A imoralidade não pode fundamentar uma ação.

F

Falsa demonstratio non nocet.
Uma descrição falsa não criará vício em um documento.

Fides servanda est.
A boa fé deve ser preservada.

Fraus est celare fraudem.
Frauda quem oculta uma fraude.

Fraus est odiosa et non praesumenda.
A fraude é odiosa e não deve ser presumida.

G

Generalia praecedunt, specialia sequuntur.
As questões gerais precedem, as especiais, seguem.

Generalia specialibus non derogant.
O geral não revoga o especial.

Generalis regula generaliter est intelligenda.
A regra geral deve ser compreendida de forma geral.

I

Id certum est quod certum reddi potest.
O que pode ser reduzido a uma certeza, já é uma certeza.

Ignorantia facti excusat, ignorantia juris non excusat.
Um homem pode ser desculpado por interpretar mal os fatos, mas não por interpretar mal a lei.

Impotentia excusat legem.
A impossibilidade é uma desculpa da lei.

In contractis tacite insunt quae sunt moris et consuetudinis.
Presume-se que os contratos sejam celebrados de acordo com os hábitos e os costumes.

In dubio pro reo.
Na dúvida, favorece-se o réu.

In jure non remota causa sed proxima spectatur.
A lei não privilegia a causa remota, mas a imediata.

Injuria non excusat injuriam.
Um erro não justifica outro.

In pari delicto, potior est conditio possidentis.
Em crimes iguais, a condição do possuidor é a mais relevante.

Intentio inservire debet legibus, non leges intentioni.
A intenção deve obedecer à lei, não a lei à intenção.

Interest republicae ut sit finis litium.
É do interesse do Estado que o litígio tenha fim.

Interpretare et concordare leges legibus est optimus interpretandi modus.
Interpretar e harmonizar as leis é o melhor método de interpretação.

Interpretatio fienda est ut res magis valeat quam pereat.
A interpretação correta expressa e efetiva a intenção das partes.

In testamentis plenius testatoris intentionem scrutamur.
Nos testamentos, segue-se a intenção do testador.

Ira furor brevis est.
A raiva é uma súbita loucura.

Judicis est jus dicere, non dare.
O juiz deve aplicar a lei, não legislá-la.

Jus accrescendi inter mercatores, pro benefio commercii, locum non habet.
Para a proteção do comércio, o direito adquirido não se aplica aos comerciantes.

Jus accrescendi praefertur oneribus.
Prefere-se o direito reconhecido por lei ao ônus.

Jus accrescendi praefertur ultima voluntati.
Prefere-se o direito reconhecido por lei ao testamento.

L

Leges posteriores priores contrarias abrogant.
A lei posterior ab-roga contradições em lei anteriores.

Lex neminem cogit ad vana seu impossiblia.
A lei não obriga ninguém a fazer o impossível.

Lex non cogit ad impossibilia.
A lei nunca se atém às impossibilidades.

Lex prospicit not respicit.
A lei olha à frente, não para trás.

Lex semper intendit quod convenit rationi.
A lei deve ser interpretada de forma racional.

Lex spectat naturae ordinem.
A lei leva em consideração a sucessão natural dos fatos.

M

Majus est delictum se ipsum occidere quam alium.
O suicídio é um crime maior que o homicídio.

Mala grammatica non vitiat chartam.
Os erros gramaticais não geram vícios em uma escritura.

Malitia supplet aesatem.
A malícia supre a idade.

Melior est conditio possidentis et rei quam actoris.
A condição do possuidor é melhor e a do réu é privilegiada em relação ao autor.

Melior est conditio possidentis, ubi neuter jus habet.
A condição do possuidor é melhor quando nenhum dos litigantes possui o título.

Melior testatoris in testamentis spectanda est.
Nos testamentos, a intenção do testador deve ser respeitada.

Meliorem conditionem suam facere potest minor deteriorem nequaquam.
Um menor de idade só pode ter sua posição melhorada, nunca piorada.

Modus et conventio vincunt legem.
Os contratantes são livres para acordarem, conforme suas obrigações e responsabilidades legais.

Mobilia sequuntur personam.
Os bens móveis seguem a pessoa.

N

Nemo bis punitur pro eodem delicto.
Ninguém pode ser punido duas vezes pelo mesmo crime.

Nemo contra factum suum venire potest.
Ninguém pode pleitear além do seu contrato ou escritura.

Nemo dat quod non habet.
Ninguém pode dar o que não tem.

Nemo debet bis vexari, si constat curiae quod sit pro una et eadem causa.
Ninguém poderá ser processado duas vezes pela mesma causa transitada em julgado.

Nemo tenetur seipsum accusare.
Ninguém é obrigado a se incriminar.

Non sequitur.
Improcede uma declaração inconsistente.

Noscitur a sociis.
O significado de uma palavra ou frase pode ser determinado de acordo com aquelas associadas a elas.

Nullum crimen nulla poena sine praevia lege.
Não há crime nem pena sem lei que a preveja.

Nullum tempus occurrit regi.
O tempo não corre contra o rei.

Nullus commodum capere potest de injuria sua propria.
Ninguém pode levar vantagem com o próprio crime.

Omne majus continet in se minus.
O principal inclui o acessório.

Ominia praesumuntur contra spoliatorem.
O criminoso é passível de toda a presunção.

Omnia praesumuntur rite et sollenniter esse acta.
Presume-se que todas as formalidades tenham sido cumpridas.

Optima est lex quae minimum relinquit arbitrio judicis – optimus judex qui minimum sibi.
O melhor sistema de leis é o que deixa o mínimo para ser julgado pelo juiz – e o melhor juiz o que depende o menos possível de sua opinião.

P

Pacta sunt servanda.
Os acordos devem ser cumpridos.

Partus sequitur ventrem.
O filho segue a mãe.

Potestas delegata non delegare potest.
Não se pode delegar o que não se tem.

Potior est conditio possidentis.
A posse é uma grande vantagem.

Q

Quam longum debet esse rationabile tempus, non definitur in lege, sed pendet ex discretione justiciariorum.
O tempo razoável não é definido por lei, mas depende do critério dos juízes.

Quando aliquid prohibetur, prohibetur et omne per quod devenitur ad illud.
O que foi proibido por lei não pode legalmente ser efetivado por nenhum meio indireto.

Quando res non valet ut ago, valeat quantum valere potest.
Quando algo não for operado do modo esperado, deixe-o operar do modo que puder.

Qui facit per alium, facit per se.
Aquele que faz por meio de outrem, o faz por si mesmo.

Qui non habet, ille non dat.
Não pode dar aquele que não tem.

Qui non improbat approbat.
Aprova aquele que não desaprova.

Qui non prohibet quod prohibere potest assentire videtur.
Deixar de prevenir o que poderia ter sido prevenido é o mesmo que consentir.

Qui peccat ebrius, luat sobrius.
Deixe aquele que pecar ébrio ser punido quando estiver sóbrio.

Qui prior est tempore, potior est jure.
A lei favorece o primeiro.

Qui sentit commodum, sentire debet et onus.
Aquele que criar a vantagem deve arcar com o ônus.

Quicquid plantatur solo, solo cedit.
O que for plantado, passa a integrar o solo.

Quicquid solvitur, solvitur secundum modum solventis: quicquid recipitur, recipitur secundum modum recipientis.
O que for pago, é pago com a intenção daquele que paga; o que for recebido, é recebido com a intenção daquele que recebe.

Quilibet potest renunciare juri pro se introducto.
Pode-se renunciar a um direito em seu próprio benefício.

Qui tacet consentire videtur.
Quem cala consente.

Quod ab initio non valet, in tractu temporis non convalescit.
O que era originalmente nulo não se torna válido com o decurso de prazo.

Quod fieri non debet factum valet.
O que não deveria ter sido feito, torna-se válido por meio da prática.

Quod non est in actis non est in mundo.
O que não está nos autos não está no mundo.

Quoties in verbis nulla est ambiguitas, ibi nulla expositio contra verba fienda est.
Quando a linguagem de um documento for clara, ele não poderá ser interpretado ao contrário do que foi escrito.

R

Ratio est legis anima, mutata legis ratione mutatur et lex.
A razão é a alma da lei; quando a razão da lei muda, a lei também mudará.

Res inter alios acta alteri nocere non debet.
Ninguém poderá ser prejudicado pelo que ocorrer entre outras partes.

Res ipsa loquitur.
A coisa fala por si.

Res judicata accipitur pro veritate.
A coisa julgada é aceita como verdade.

Res judicata pro veritate accipitur.
Presume-se que a decisão judicial esteja correta.

Respondeat superior.
Deixe que o superior responda.

Respondeat superior.
Uma pessoa responde por seus dependentes.

Rex non potest peccare.
O rei não pode errar.

Rex nunquam moritur.
O rei não morre.

S

Salus populi suprema lex est.
O bem-estar do povo é a lei suprema.

Semper praesumitur pro legitimatione puerorum.
Presume-se sempre que os filhos sejam legítimos.

Semper pro matriomonio praesumitur.
Presume-se sempre em favor do casamento.

Sic utere tuo ut alienum non laedas.
Seus direitos cessam onde começam os direitos alheios.

Simplex commendatio non obligat.
O elogio não gera qualquer obrigação.

Socii mei socius, meus socius non est.
O sócio do meu sócio não é obrigatoriamente meu sócio.

Spondes peritiam artis.
Use suas habilidades aonde elas forem necessárias.

Sublata causa, tollitur effectus.
O efeito cessa, se a causa for eliminada.

Suppressio veri, suggestio falsi.
A supressão da verdade sugere a falsidade.

U

Ubi jus, ibi remedium est.
Onde houver o direito, há a solução.

Ubi non est principalis, non potest esse accessorius.
Onde não houver principal, não haverá o acessório.

V

Via antiqua via est tuta.
O modo antigo é o mais seguro.

Vir et uxor consentur in lege una persona.
Marido e mulher são uma só pessoa perante a lei.

Volenti non fit injuria.
O dano consentido não confere direito de ação.

Voluntas in delictis non exitus spectatur.
Na ofensa, é considerada a intenção, não o resultado.

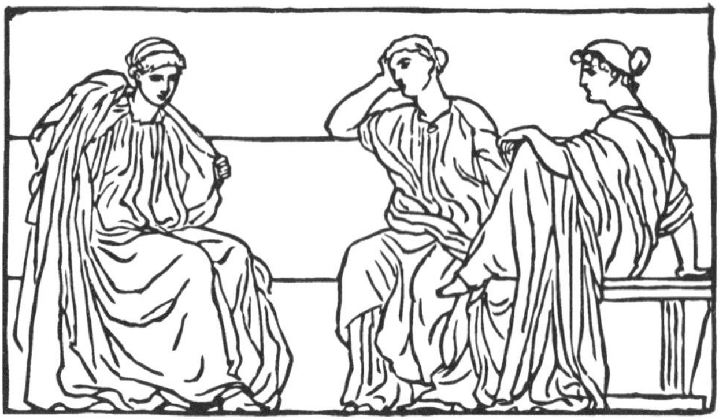

GLOSSÁRIO DE EXPRESSÕES LATINAS

A

A vinculo matrimonii – A partir do vínculo matrimonial.
Ab initio – Desde o início.
Ad hoc – Para este fim.
Ad infinitum – Sem limite.
Alibi – Em outro lugar.
Argumentum ad ignoratiam – Alegação de ignorância.

B

Bona fide – De boa fé.

C

Consensus – Por unanimidade.
Contra – Pelo contrário.
Contra bonos mores – Contra a boa moral.

D

Damnum sine injuria – Prejuízo sem dano legal.
Data venia (Data maxima venia) – Com o devido respeito (Com todo o respeito).
De facto – De fato.
De futuro – No futuro.
De integro – Quanto ao todo.

De jure – De direito.
Doli incapax – Incapaz de cometer um crime.

E

Ex facie – Diante do fato.
Ex parte – Em nome uma parte ausente.
Ex post facto – Em razão de uma ação subsequente.

F

Faciendum – O que deve ser feito.
Factum – Um ato ou feito.

H

Habeas corpus – Que tenhas teu corpo.

I

Imperium in imperio – Um império dentro de outro império.
In delicto – Em erro.
In esse – Em existência.
In loco parentis – No lugar do pai.
In mortua manu – Em mão morta.
In situ – No lugar.
In terrorem – Como aviso ou precaução.
Inter alia – Entre outras coisas.
Interim – Enquanto isso.
Ipsissima verba – As palavras de um orador.
Ipso facto – Por isso mesmo.

J

Jus – Direito reconhecido por lei.
Jus ad rem, jus in re – O direito a algo, o direito em algo.
Jus dicere, non jus dare – Declarar a lei, não fazer a lei.

M

Mala fide – De má-fé.
Mala in se – Mau por si só.
Mala prohibita – Crimes são proibidos.
Malo animo – Com más intenções.
Mandamus – Agravo.
Mens rea – Consciência culpada.

N

Non compus mentis – Incompreensível.
Non constat – Isto é incerto.

O

Omnia saeculum saeculorum – Por toda a eternidade.

P

Per curiam – Na opinião do tribunal.
Per minas – Por meio de ameaças.
Per quod – Por esse motivo.
Post mortem – Pós-morte, depois da morte.

Prima facie – Diante do fato.
Prima impressionis – Primeira impressão
Pro hac vice – Para esta ocasião.
Pro rata – Proporcionalmente
Pro tanto – Para este fim.
Pro tempore – Por enquanto.
Publici juris – De direito público.

Q

Quaeitur – A questão é levantada.
Quantum – O montante.
Quid pro quo – Consideração, reciprocidade.

R

Re – Em relação a.
Rebus sic stantibus – Enquanto tudo permanecer como está.
Res – Assunto, questão, coisa, circunstância.
Res gestae – Coisas feitas.
Res integra – Objeto ou direito intocado (por decisão judicial).

S

Se defendendo – Em autodefesa.
Stare decisis – Permanecer por decisão (precedentes).
Stet – Não apague, deixe que permaneça.
Sub modo – Dentro dos limites.

Sub nomine – Com o nome de.
Sub silentio – Em silêncio.

T

Terra firma – Em terra firme.

V

Verbatim – Exatamente com estas palavras.
Vice versa – Ao contrário.

Thereza Christina Rocque da Motta, poeta, editora e tradutora literária e jurídica, nasceu em São Paulo, em 10/07/1957. Publicou *Joio & trigo* (1982, 1983, 2004), *Areal* (1995), *Sabbath* (1998), *Alba* (2001), *Chiaroscuro* (2002), *Lilacs/Lilases* (2003), *Rios* (2003), *Marco Polo e a Princesa Azul* (2008), *O mais puro amor de Abelardo e Heloísa* (2009), *Futebol e mais nada: Um time de poemas* (2010), *A vida dos livros* (2010), *Odysseus & O livro de Pandora* (2012), *Breve anunciação* (poema dramático, 2013), *As liras de Marília* (poema histórico, 2013). Traduziu *A sereia e o monge*, de Sue Monk Kidd (Prestígio, 2006), *Marley & Eu*, de John Grogan (Ediouro, 2006), *A dança dos sonhos*, de Michael Jackson (Ibis Libris, 2011), *44 Sonetos escolhidos* (2006) e *154 Sonetos* (2009), de William Shakespeare (Ibis Libris). Membro da Academia Brasileira de Poesia (Petrópolis, RJ) e do PEN Clube do Brasil. Coordena o evento Ponte de Versos há 15 anos. Fundou a Ibis Libris em 2000.

Maat, no panteão egípcio, é a deusa da verdade e da justiça, representada com a pena de avestruz no alto da cabeça, usada para pesar o coração dos mortos na balança no julgamento perante Osíris. Toth, representado pela íbis, patrono dos escribas e criador do alfabeto, fornecia as letras para que Maat escrevesse as leis. Assim a íbis, corresponde à literatura e Maat, à ordem jurídica entre os homens.

Acabou-se de imprimir
Juris proverbia –
Provérbios e máximas jurídicas
em 30 de dezembro de 2013,
na cidade do Rio de Janeiro,
nas oficinas da Singular Digital,
especialmente para Ibis Juris.